Essai d'explication scientifique des phénomènes de radiesthésie sensorielle

par

L'ABBE JULES GILLAIN
Ingénieur Agronome
Directeur de l'Ecole d'Agriculture
annexée au Collège St Joseph, à Virton.

www.eBookEsoterique.com

www.eBookEsoterique.com

Avant-propos.

Lorsqu'on s'efforce d'expliquer le phénomène radiesthésiste de la recherche sur le terrain, on ne tarde pas à s'apercevoir qu'on se trouve en présence d'un fait — et il en est de même pour beaucoup de faits observés en sciences — que nous constatons, que nous vérifions et répétons de façon immuable, mais dont nous ne parvenons pas à donner une interprétation complètement satisfaisante.

Mais, pourrait-on dire, comme je l'ai écrit moi-même d'ailleurs, qu'importent les théories explicatives ?

Seuls importent les faits et les succès, et nous les avons !

En sciences aussi les faits sont établis ; ils ont été observés, contrôlés et vérifiés. Cependant on a vu des savants éminents se pencher sur les phénomènes, les scruter et tâcher d'en extraire l'essence. Que d'hypothèses ont été élaborées et ont souvent été remises sur le métier, avant d'aboutir ! par exemple, la théorie électronique, explicative des corps chargés d'électricité statique positive ou négative, des nuages positifs ou négatifs, des courants d'électricité dynamique, continus ou alternatifs, du sens du courant d'une pile, de l'induction et de la self-induction...; de même, lorsqu'il fut question d'expliquer la nature d'un aimant, l'énergie rayonnante, la constitution de la lumière, la structure de l'atome, etc. A moins que d'en avoir une intuition exceptionnellement heureuse, on n'arrive pas immédiatement à la vérité. Aussi, ne faut-il pas s'étonner de voir plusieurs hypothèses s'affronter sur le même objet, comme ce fut le cas pour la théorie de l'ondulation et celle de l'émission devant expliquer la propagation de la lumière; toutes deux, chose curieuse, renfermaient une part de vérité, étant donné qu'elles n'expliquaient qu'une partie des phénomènes lumineux; la vérité n'a semblé enfin apparaître que par la synthèse des deux théories. La vérité scientifique n'est atteinte, d'ordinaire, que par paliers aux quels la font accéder les données de l'époque et les progrès de la science.

Les explications scientifiques, si elles n'ajoutent rien aux faits, ont l'avantage, lorsqu'elles sont vraies, de faire prévoir de nouveaux phénomènes et d'ouvrir la voie à de nouvelles découvertes; en outre, elles permettent aux praticiens de raisonner leurs méthodes, ce qui est plus satisfaisant pour l'intelligence, et surtout de manoeuvrer sans tâtonnements et avec une sécurité qui est garante du succès.

C'est cette dernière considération qui m'a poussé — bien qu'autre fois j'aie refusé de vouloir aborder le problème — à exposer les principales hypothèses qui ont été émises pour expliquer les différentes méthodes employées dans la découverte sensorielle, faite sur place, de l'eau ou d'autres substances contenues dans le sol. Si on doit regretter la multiplicité des méthodes de prospection, bien que ce défaut soit atténué par l'identité foncière de leur base, on peut constater, sans plus de satisfaction, la pluralité des hypothèses explicatives. Ce que j'ai écrit à leur sujet, le 5 septembre 1939, dans la 3e édition (1940) de mon livre « Découvrez vous-même votre eau potable » aux pages 139 à 147, je viens, ce 1er octobre 1940, de le reviser : ces quelques pages constitueront un supplément à cette 3e édition. Je n'ignore pas combien le sujet est délicat, et combien la tâche est ardue, et je crains que longtemps encore, le mystère continue à planer sur ces **faits étonnants**.

Il n'est pas interdit d'espérer que les hommes de science, sans se montrer plus exigeants que pour d'autres faits, ne resteront pas indifférents devant les efforts développés de ci de là pour en trouver une explication scientifique satisfaisante.

Essai d'explication scientifique des phénomènes de radiesthésie sensorielle.

I. Qu'y a-t-il de physique ou objectif dans ce domaine, et qu'y a-t-il de psychique ou subjectif ?

Avant de chercher à identifier l'élément physique réel qui produit, dans les mains du sourcier, les sensations motrices qu'il ressent et qu'il a le loisir d'observer puisqu'elles ont été amplifiées par les instruments qu'il manoeuvre, il importe, tout d'abord d'essayer de trancher la question de savoir si le phénomène observé est physique ou physico-physiologique, soit en tout, soit en partie, ou bien s'il n'est que psychique, de faire le départ de ce qui est objectif et de ce qui pourrait n'être que subjectif, et, pour ce qui participerait aux deux caractères, d'en discerner la partie physique, réelle et objective.

Il en est qui donnent la préférence et presque l'exclusivité à l'élément subjectif ou psychique, et prétendent qu'on procède, même sans s'en apercevoir, par orientation mentale : on songe à l'eau et on désire en ressentir les influences dès que la baguette ou le pendule entrera en contact avec elles. Pour les diverses recherches, le sourcier développe plusieurs activités qui se révélent d'ailleurs efficaces : il s'apprête à devenir réceptif, et choisit le rayonnement auquel il désire être réceptif, et, enfin, il force le subconscient à se découvrir; et si ce n'est pas grâce au subconscient qu'il a trouvé le courant d'eau, c'est certainement lui qui donne l'intuition ou la clairvoyance de la profondeur et du débit : il en a spontanément, et sans raisonner, la perception, comme on a, sans l'expliquer, l'intuition de la solution d'un problème. Malheureusement pour la renommée du sourcier, l'autosuggestion ou les idées imaginatives sont aussi spontanées et aussi irréfléchies que les idées intuitives, et elles pourront le conduire trop souvent à l'erreur.

Les partisans de la prépondérance du psychisme ajoutent que, si le sourcier trouve la profondeur par le nombre de coups de pied dont il frappe le sol, et s'il apprécie le débit par le nombre de girations que trace son pendule, ces méthodes ne peuvent avoir quelque efficacité qu'à la suite d'une convention mentale.

A l'appui de leur thèse, ils invoquent, la multiplicité des méthodes employées, méthodes qu'on aime à appeler personnelles, ce qui est un indice sérieux de leur subjectivité : les réactions ressenties seront différentes parce qu'elles sont sous la dépendance de la sensibilité toute relative de l'opérateur et surtout de la convention mentale qu'il a adoptée.

Ils ajoutent même qu'on peut, tout en croyant qu'on opère objectivement, employer, sans le savoir, un procédé purement mental et qui néanmoins réussit.

Par exemple, s'il était prouvé nécessaire, comme on le pense, qu'il y ait une liaison physique entre le contenu du pendule — témoin et le même élément à rechercher dans le sol, il serait prudent, sous peine de le rendre inopérant, que le contenu ne soit pas isolé et, mieux encore, qu'il soit exposé à l'air libre. Or le sourcier peut, ignorant l'importance ou la nécessité de cette disposition, employer un pendule isolé et bouché, et, paraît-il, réussir quand même et trouver réellement des courants d'eau. Vous voyez, disent-ils, l'élément physique n'est pas entré en jeu (à moins qu'il ne suffise à l'organisme, relié au sol, de communiquer avec le contenu du pendule par la chaîne de suspension), et vous ne pouvez expliquer le succès que par l'élément psychique : le mauvais témoin, inefficace pour une recherche objective, a pu servir à l'opérateur de guide, d'aide, de moyen de fixer son attention et son orientation mentale.

Plus sages sont ceux qui savent faire le départ de ce qui est physique ou objectif et de ce qui est purement mental ou subjectif. Dans toute recherche, il y aura toujours et fatalement un élément subjectif puisqu'il faut y faire oeuvre d'intelligence, et que le récepteur est un être intelligent. Et c'est précisément à cause de la souplesse, de la richesse et de la diversité des ressources du récepteur que les procédés de recherches risquent de garder longtemps un côté mystérieux, même pour celui qui les emploie.

Aussi, le praticien, convaincu par expérience qu'il subit une influence réelle et physique, reste bien embarrassé — comme nous le verrons dans la 2me Partie — lorsqu'il est appelé à se prononcer sur la nature de l'élément actif qui lui a donné le choc radiesthésique, sur son mode d'action, et sur le mode de réception en lui-même.

Au surplus, on doit savoir que le travail technique ne suffit pas; il faut que le sourcier le contrôle et l'interprète par un travail intellectuel où il aura à faire intervenir sa science et son esprit critique.

C'est pourquoi la réalité des phénomènes physico-physiologiques peut se concilier avec la multiplicité des méthodes, et on ne peut inférer de cette multiplicité que les procédés sont purement psychiques. L'objet radiant (objet recherché) produit un effet physiologique immédiat : il y a saute de la baguette ; et qu'importe qu'elle se relève chez l'un et s'abaisse chez l'autre ! Il suffit qu'il y ait une sensation et une perception provenant du rayonnement du corps cherché, par exemple, du courant d'eau. Le courant a certainement influencé physiquement et physiologiquement les centres nerveux sensitifs ; à la suite de cette action, l'impulsion motrice a été donnée aux centres moteurs ; de là, il y eut contraction des muscles des mains, et le sourcier, d'un mouvement involontaire et inconscient a tordu la baguette, soit en la relevant soit en l'abaissant. On peut même reconnaître qu'un sourcier entraîné donne à l'instrument un mouvement plus violent que ne le fait un débutant, et que cette violence est subjective ; il n'en reste pas moins vrai que le sourcier a dû, pour déclancher ce mouvement, avoir été impressionné par une influence extérieure, réelle et objective. Bien qu'il puisse donc y avoir quelque chose de personnel et de variable dans la modalité et dans l'intensité du mouvement, il reste certain — et c'est l'essentiel — qu'il s'est produit un choc radiesthésique enregistré par la moëlle épinière, laquelle a, de façon inconsciente, réfléchi l'impression dans les nerfs moteurs qui ont déclanché, dans la main tenant le détecteur, un mouvement extraordinaire dont on prend conscience et que l'intelligence devra interprèter.

On le voit, il y a production de trois phénomènes, qui sont successivement objectif, physiologique et intellectuel : objectif, parce qu'il y a influence réelle, exercée par un objet radiant réel ; physiologique, parce qu'il y a excitation motrice, qui peut être variable dans la modalité et dans l'intensité, et qui vient de la moëlle épinière ; enfin, intellectuel, parce que le sourcier devra interpréter les sensations éprouvées. Dans cette dernière opération, il peut lui arriver de faire un mauvais raisonnement et de commettre une erreur ;

de la viennent les chances variables de succès d'un sourcier à l'autre. Mais l'erreur viendra surtout de l'imagination, de l'autosuggestion, lorsque la pensée subjective s'empressera, en dehors de tout choc radiesthésique, de produire les mêmes mouvements de la baguette et du pendule.

C'est, sans doute, à cause de l'intervention probable de cette pensée subjective ou de la poussée du subconscient, que la détermination de la profondeur de l'eau ne se fait pas avec la netteté et l'assurance qui caractérisent l'identification et l'emplacement du courant d'eau. Tandis que la découverte de la présence de l'eau semble être uniquement objective, parce qu'elle donne une impression nette, on n'oserait être aussi affirmatif sur l'objectivité sans mélange de la détermination de la profondeur, qui est moins précise, et laisse subsister la crainte d'un insuccès partiel. Il semble que le subconscient a été invité à venir extérioriser son appréciation, selon un mode que le sourcier a convenu avec lui-même. Voici un exemple pratique : le radiesthésiste veut que le pendule gire quand il aura, en frappant en cadence le sol à l'aide de son talon, compté un nombre de mètres correspondant à la profondeur cherchée; lorsque ce moment arrive, le subconscient transforme en giration le balancement oscillatoire du pendule. A moins que le sourcier n'envoie, à chaque coup de pied, un train d'ondes qui, atteignant le courant, réagisse brusquement !, la recherche de la profondeur, par cette méthode, paraît assez subjective, et, par la même, sujette à l'erreur. Pour diminuer les dangers d'erreur, il faudra, de la part de l'opérateur qui emploie cette méthode comme méthode principale ou exclusive, un long entraînement et une attention soutenue.

Qu'intervienne un élément physique moteur, un objet réel radiant — ce mot étant pris dans un sens général — on ne peut guère en douter lorsqu'on sait que M.M. Maby et

Franklin, de Londres, sont arrivés, à l'aide d'appareils géophysiques perfectionnés, à contrôler et à corroborer les pronostics des sourciers. Ces deux expérimentateurs ont pu constater que la technique des sourciers comporte des éléments se rapportant à la physique. On peut donc tenir pour certain que la radiesthésie, s'exerçant sur le terrain, repose sur des bases physiques.

Il est d'ailleurs loisible à chaque sourcier de s'assurer si sa découverte a été faite objectivement ou subjectivement : qu'il retourne sur place, qu'il avance les yeux étant volontairement et obstinément fermés (méthode préconisée par le Vicomte Henry de France), et observe si le pendule réagit à la même place que la veille, non seulement pour la localisation du courant, mais aussi pour l'influence de profondeur dont l'objectivité paraît certaine. Si en frappant du pied, on semble poser une interrogation au subconscient, il existe, pour la détermination de la profondeur, une autre méthode, objective celle-ci, qui est l'utilisation de l'influence de profondeur.

L'expérience sourcière prouve au prospecteur que, lorsqu'il avance lentement, les yeux fermés, en balançant un pendule-témoin plutôt lourd et exactement réglé sur un courant d'eau, il peut être certain de n'être influencé que par la présence réelle et objective de l'eau. La longueur à donner au pendule se détermine sur un courant d'eau connu; la corde sera courte ou longue, et, dans ce dernier cas, la longueur est un multiple exact de la longueur la plus courte suffisante; cette longueur se détermine expérimentalement, mais ne se mesure pas. Si on peut craindre que le pendule ne gire aussi pour l'une ou l'autre substance étrangère à l'eau, on a toujours la ressource du contrôle par le chiffre de série. Mais cette crainte s'évanouit dès qu'on se sert du pendule-témoin; son efficacité est réelle, bien qu'on n'en connaisse pas sûrement le mode d'action. Certains estiment que le témoin a la propriété d'accorder nos radiations avec celles des corps recherchés, ou d'accorder d'abord les nôtres avec les siennes avant de les mettre en accord avec les radiations extérieures, en vertu de la loi, non pas des semblables, mais de la résonance, à la façon peut-être d'un curseur déplacé sur une bobine d'accord et qui, en T. S. F. met l'antenne réceptrice en résonance avec l'antenne du poste émetteur choisi.

II. Hypothèses emises au sujet de l'identification de l'élément physique moteur, qui détermine les mouvements musculaires des mains du sourcier.

Comme nous venons de le dire, il semble que l'influence de l'agent physique moteur pénètre dans le corps du sourcier, et réagit sur la moëlle épinière qui émet une impulsion motrice secouant la main tenant le pendule-témoin. Celui-ci jouerait le rôle, non pas d'émetteur, mais de simple amplificateur, par le fait que, en vertu de la loi de résonance, il aurait mis les radiations propres du sourcier en accord, en résonance, avec celles des corps recherchés dans le sol.

Mais quelle est la nature de cet élément physique moteur qui, par le choc radiesthésique, impressionne le système nerveux et suscite les impulsions motrices susceptibles d'être perçues et remarquées lorsqu'elles sont amplifiées ?

N'essayons pas de cacher la difficulté de trouver une réponse adéquate. Le problème à résoudre est particulièrement difficile parce qu'il comporte l'étude, non seulement d'un agent physique moteur échappant à l'identification et au sujet duquel on est réduit à émettre des hypotheses, mais encore celle de l'élément récepteur, c'est à dire du système nerveux humain, qu'on connaît encore moins, et qui parait être le siège d'énergie, de radiations et de phénomènes électriques inconnus.

Pour éviter toute erreur de manoeuvre et d'interprétation et pour opérer avec assurance et chances de succès, il serait indispensable de connaître toutes les formes de rayonnement et toutes les radiations, même celles qui seraient susceptibles d'être émises par des corps réputés non radioactifs; et, d'autre part, il faudrait connaître à fond les réactions produites par les éléments sur l'organisme humain et les réflexes suscités par eux. Le mystère tient à la fois au corps radiant et à l'organisme humain.

Le corps humain est un merveilleux appareil, infiniment plus souple que les instruments de physique les plus sensibles, bien que plus compliqué qu'eux; et il est plus merveilleux encore quand il est armé du pendule. Cependant, c'est à l'aide d'appareils précis de physique que Maby et Franklin ont pu faire ressortir l'objectivité des indications fournies par des sourciers au sujet de l'emplacement des courants, des influences (qui se sont aussi révélées réelles) de profondeur et de débit. Ces expériences ont, en outre, révélé l'intervention probable de plusieurs agents physiques, notamment magnétisme, électricité, rayons hertziens, radioactivité et rayons cosmiques.

Tous ces agents éventuels portent les caractéristiques des phénomènes électriques, ou sont, au moins, accompagnés de phénomènes électriques. Les hypothèses émises au sujet de leur identité, chacune étant basée sur un aspect électrique particulier, risquent de se pénétrer et d'empiéter l'une sur l'autre.

Ces hypothèses semblent pouvoir se ramener à quatre principales : électricité statique due au frottement exercé par l'eau sur les roches; colonnes d'air ionisé au dessus des courants; peut-être le sourcier subit-il plutôt l'effet des déformations et variations des lignes de force des champs magnétiques terrestres; ou bien est-il pénétré par des radiations d'ordre électro-magnétique provenant de phénomènes corpusculaires et ondulatoires.

A. Hypothèse de l'électricité statique.

Trois indices sembleraient étayer la supposition selon laquelle ce serait de l'électricité statique, due au frottement de l'eau, qui causerait les impressions nerveuses, et, de là les impulsions motrices observées par le sourcier.

La plupart des sourciers, en effet, ne perçoivent que les courants d'eau souterrains, et ne sentent ni l'eau libre, ni les nappes ou poches d'eau stagnantes. Remarquons cependant qu'il ne s'agit pas ici d'une immobilité complète de ces eaux dites « stagnantes », puisqu'elles ont déjà une certaine vitesse d'infiltration variable selon les terrains traversés, et que les sous-horizons constitués par des lentilles argileuses communiquent entre eux, et que la nappe unique qui en résulte finalement s'écoule lentement dans le sens de la déclivité du terrain; le mot « stagnantes » est employé par opposition aux filets d'eau courantes.

En outre, une pointe, telle une aiguille de sûreté ouverte, tenue dans la main gauche, paraît laisser s'échapper l'élément impressionnant, puisqu'elle ne permet plus de déceler de faibles courants ne donnant que 10 à 15 girations de débit; tandis que, lorsqu'on a un motif quelconque de penser, ou qu'on est prévenu, qu'il pourrait y avoir un faible courant, il suffit de faire disparaître la pointe, en refermant l'épingle, pour le percevoir en le traversant.

Enfin, de même que des expériences se réalisent au pendule au dessus du verre frotté, lequel agit sur l'amplificateur, on est en droit de penser que l'eau frottant sur les roches aurait une action identique ou similaire.

Dans l'hypothèse de l'électricité produite par frottement, quel pourrait être le mécanisme des sensations motrices ?

Ou bien, on pourrait considérer le mouvement du pendule comme un mouvement de défense de l'organisme, déséquilibré par un élément qui est venu modifier sa charge ou sa capacité électrique. A la suite des variations d'état électrique se produisant dans le corps du sourcier qui vient de franchir une des rives du courant d'eau, la moëlle épinière, par des réflexes instantanés, commanderait aux sources nerveuses d'éléctricité de rétablir l'équilibre qui vient d'être rompu. On remarque qu'en temps d'orage, l'organisme humain perçoit les variations d'électricité statique de l'air ionisé; celles-ci causent de la lassitude, donnent l'impression d'un temps lourd, et agissent même sur le changement de polarité des radiesthésistes, et causent une sorte de « fading ».

Ou bien, le sourcier, simple conducteur, en traversant le courant d'eau serait pénétré de deux sortes de courants telluriques ou bien d'électricité positive du côté droit et d'électricité négative du côté gauche, et ces 2 courants ou électricités contraires, se réunissant à la pointe de la baguette, obligeraient les mains à la tordre. Mais, en ce cas, il faudrait trouver une autre explication pour le mouvement du pendule, alors qu'il est certain que c'est le même agent qui provoque les mouvements des deux instruments.

Ou bien même le sourcier, passant d'une zone sèche à une fente parcourue par un filet d'eau, éprouverait-il une sorte de différence de potentiel, bien que celle-ci ne se produise qu'à la suite d'un excès d'électrons d'un côté et d'une déficience relative de l'autre ?

Ou bien encore, il y aurait formation de champs magnétiques dûs aux forces électromotrices produites par le frottement de l'eau courante, et ionisation de l'air (hypothèse B), et par là déformation des surfaces de niveau du champ électrique de l'atmosphère, déformation qui serait perçue et donnerait lieu à une réaction physiologique.

Ou enfin, l'eau électrisée par frottement, serait entourée d'un champ propre (hypothèse C), qui modifierait le champ magnétique terrestre; et le sourcier, armé de son amplificateur, serait susceptible de sentir cette modification du champ terrestre, et de réagir.

A ces explications on peut opposer le fait qu'une fente sèche, un filon, un gisement, toutes choses immobiles, relèvent également la baguette dans les mains du sourcier, ce qui semble indiquer qu'il ne s'agit pas nécessairement ou exclusivement d'électricité statique produite par frottement. Enfin, la chainette métallique par laquelle le sourcier pense unir l'eau du flacon-témoin à la main à laquelle il est suspendu étant formée d'anneaux aux contacts souvent interrompus, n'est pas le meilleur des conducteurs.

B. Hypothèse de colonnes d'air ionisé.

Dans la deuxième hypothèse, on s'efforce d'expliquer le phénomène des sourciers par l'ionisation de l'air.

On sait que l'ionisation de l'air se produit sous l'influence de causes diverses, notamment des rayons ultraviolets du soleil, du rayonnement cosmique ultrapénétrant de Millikan, des décharges électriques, de la formation de champs magnétiques dûs aux forces électromotrices produites par le frottement, par exemple, de l'eau dans les roches, et de la désintégration des corps radioactifs.

A l'aplomb du courant d'eau, comme au dessus des failles, il y aurait, de fait, une colonne d'air ionisé, d'où diminution de potentiel de cette colonne; le sourcier, traversant la colonne de plus faible potentiel, sera directement influencé par cette chute de potentiel, d'où réaction amplifiée par la baguette ou par le pendule qui prendra tel mouvement significatif.

Il est possible aussi que la colonne d'air ionisé n'agisse qu'indirectement sur le sourcier. L'ionisation augmentant la conductibilité de l'air, produit, au sein de la colonne, des potentiels différents qui déforment les surfaces de niveau du champ électrique atmosphérique. Ce sont ces variations du champ électrique atmosphérique, qui, traversées par le sourcier, produisent en lui une réaction physiologique, comme s'il passait dans un régime électrique différent. De là l'excitation des centres nerveux, et la contraction musculaire de la main donnant à la baguette les mouvements facilités par l'équilibre instable de celle-ci.

C. Hypothèse des variations de champs magnétiques et électriques terrestres.

Dans les recherches sur place, d'eau ou de minéraux, plutôt que de percevoir des radiations (hypothèse D), il paraît plus probable que le sourcier perçoit des variations de champs magnétiques et électriques terrestres, surtout si l'objet des recherches a des caractéristiques soit électriques, soit — c'est le cas le plus fréquent — magnétiques. Ce qui donne de la probabilité à cette hypothèse, c'est que les expériences au pendule se realisent sur les aimants, sur les courants et sur les corps électrisés, donc sur des champs magnétiques et électriques et sur les variations de leurs lignes de force. De même on peut concevoir que les champs magnétiques terrestres se modifient, et que leurs lignes de force varient suivant l'électrisation qui peut se produire dans la terre, suivant les résistances, suivant la conductibilité et la perméabilité magnétique des éléments contenus dans le sol, selon que le terrain est homogène ou pas homogène, qu'il est coupé ou non par des fentes, des filons, des gisements, ou des courants d'eau. Tout corps plongé dans un champ terrestre, en déforme la distribution des lignes de force par écartement ou par rapprochement.

On ne voit pas pourquoi on devrait, à priori, contester à l'organisme sourcier et la capacité d'éprouver sensoriellement ces variations rapides du champ terrestre, et la possibilité d'enregistrer ces différences de perméabilité, ces modifications du flux de force. Cet enregistrement, s'il se produit, sera capable de déclancher immédiatement une sensation motrice dans la main qui tient, soit la baguette, soit le pendule. Ce réflexe suffira bien à rompre l'équilibre, d'ailleurs instable, de la baguette tendue comme un ressort, et la fera soit se relever chez les uns, soit s'abaisser chez les autres. Le système nerveux du sourcier traduira de même les variations du champ terrestre, par des modifications du mouvement du pendule, lequel passera du battement à la giration.

Au fond, cette hypothèse est basée sur les propriétés magnétiques et électriques des courants d'eau et sur leur influence sur le système nerveux : simple action de champ magnétique, en dehors de rayonnement électro-magnétique.

Et là où il y a vraisemblablement des radiations (hypothèse D), il est encore possible qu'elles sont accompagnées de faibles champs magnétiques et électriques; et ce serait encore par l'intermédiaire des variations de ceux-ci que les radiations seraient perçues.

Il est clair que l'hypothèse des champs magnétiques qui fournit une base fort probable à l'explication des opérations sur place, ne semble pas pouvoir convenir aux détections sur plans, sur photos, et à toute distance, où il y a peut-être intervention d'une intuition déjà entraînée. Il importe que l'opérateur soit en mesure d'interpréter avec justesse le mouvement subit de ses instruments, d'en déterminer la cause véritable, et de pouvoir déchiffrer, parmi les variations de champ, l'espèce qui vient de se révéler soit à ses yeux, s'ils sont restés ouverts, soit a ses mains si, par prudence, il a tenu les yeux fermés; les variations de champ provoquent des réactions musculaires tellement amplifiées par la baguette ou par le pendule qu'il est impossible qu'elles restent inaperçues. Il ne suffit pas d'avoir observé ou d'avoir ressenti la commotion organique, il importe surtout d'en préciser la cause. Hormis le cas même où le sourcier s'autosuggestionne et provoque lui-même, (sans qu'il se rende compte que c'est lui), la détente brusque de la baguette, une difficulté surgit encore du fait que les mouvements de la baguette peuvent provenir de causes terrestres, étrangères à l'eau, telles que faille avec ou sans rejet, fente sèche, filon, couche d'argile humide etc. A moins que la force de l'habitude ne l'ait rendu insensible aux causes étrangères à l'eau; comme il ne perçoit des courants trop profonds et inexploitables, d'une profondeur de 80 mètres et au delà, que lorsqu'il veut les rechercher ou bien qu'il suit un courant moins profond à l'origine mais s'enfonçant parfois très bas; le sourcier se voit obligé, pour échapper plus sûrement à cette difficulté, d'avoir recours à des témoins. Dans le cas qui nous occupe, il tiendra, contre la branche gauche de la baguette, plutôt qu'un flacon d'eau en verre mauvais conducteur, un récipient creux et non fermé, en bois; ou bien, il emploiera, comme pendule, la petite bouteille-témoin à eau dans laquelle plonge la chaîne de suspension. A défaut de raisonnement scientifique convaincant, l'expérience, au moins, prouve que ce témoin indique, pour ainsi dire, infailliblement la présence de l'eau ; ce pendule est supposé avoir été exactement réglé sur un courant d'eau.

Nous venons de faire intervenir un élément nouveau : le témoin, et surtout le réglage de celui-ci. La haute convenance de ce réglage doit nous conduire à émettre une quatrième hypothèse.

Avant d'exposer cette dernière hypothèse, je ne puis m'empêcher d'apporter, à l'appui de la troisième, basée sur les propriétés magnétiques des courants d'eau, une preuve d'ordre physique, dont la pertinence ne m'a pas échappé lorsque, en avril 1938, j'ai observé de mes yeux, des effets vraisemblablement magnétisants exercés sur du fer doux par des courants d'eau ou par le flux de force magnétique paraissant les accompagner. J'étais à Ciney, sollicité de chercher une source destinée à alimenter une installation importante, lorsque je me suis rencontré sur le même terrain avec un sourcier qui, dans les colonies, avait beaucoup opéré et avec succès. Or, il ne portait ni pendule, ni baguette, mais un pur instrument de physique dont le fonctionnement restait absolument indépendant du système nerveux humain. Cet appareil se présentait sous forme d'une forte et belle boîte prismatique, portée sur un support que l'opérateur déplaçait lentement sur le sol. Il doit se trouver, à l'intérieur de cette boîte, un système en fer doux (vraisemblablement une bobine à noyau de fer doux), qui subira un magnétisme temporaire lorsqu'il sera traversé par un flux de force magnétique. Au dessus de la bobine invisible, j'ai pu observer une boussole d'un diamètre assez grand, comportant donc une aiguille aimantée en acier, mobile sur un pivot, et capable de s'agiter et de dévier de sa position d'équilibre lorsque la bobine aura été traversée par des lignes de force et aura induit le fer doux. Un miroir incliné permet d'observer, à distance, les déviations de cette aiguille. Nous avons exécuté nos recherches, chacun de notre côté. Nous avons ensuite convenu de nous contrôler mutuellement; sauf en un endroit (une poche d'eau peut-être) nous étions d'accord sur la présence de l'eau. Malheureusement, les travaux conseillés n'ont pas été exécutés; on a préféré prendre l'eau de la ville. Je me réjouissais toutefois d'avoir pu observer, aux mains d'un sourcier, un appareil de physique capable, en dehors de la volonté, de l'intention et de la suggestion, d'indiquer des courants d'eau souterraine. Je crains cependant que, comme le font la baguette et le pendule non réglé, l'aiguille ne s'agite et ne dévie pour des objets immobiles tels que fente sèche, faille, gisement. En tous cas, une conclusion se dégage : l'eau courante semble émettre un flux de force magnétique capable d'agir, de façon visible, sur une aiguille reposant sur un pivot vertical.

Avant cette rencontre heureuse, j'avais déjà observé, en me servant de la boussole pour apprécier le débit d'un courant trouvé, que, lorsque je franchissais la rive du courant, l'aiguille bien dégagée de la boussole tenue horizontalement opérait un net et brusque mouvement que je considérais aussi comme indice confirmant la présence de l'eau.

Ceci n'étonne pas lorsqu'on sait qu'on peut dire en principe que tous les éléments qui constituent l'écorce terrestre possèdent un certain degré d'aimantation. De toutes, ce sont les substances ferro-magnétiques (surtout fer, acier, et peroxyde de fer) qui sont le plus capables de prendre, dans le champ de la terre, une aimantation assez forte et permanente. Puisque de petites masses magnétiques font dévier faiblement l'aiguille du magnétomètre, l'idée est venue depuis longtemps, de rechercher, par l'exploration du champ magnétique terrestre, les grandes masses d'oxyde de fer magnétique créant autour d'elles un champ intense. On se servit de variomètres plus ou moins perfectionnés, bien qu'une simple boussole puisse déjà suffire auprès de gisements importants. C'était la prospection du sous-sol par voie magnétique.

Tandis que les substances paramagnétiques (chrome, cobalt, nickel) sont aimantées dans le sens du champ terrestre, les substances diamagnétiques (zinc, plomb, bismuth, antimoine, soufre, eau, etc.) prennent, sous l'action du champ terrestre, une aimantation faible et de sens inverse à celle du champ. Les instruments, employés avec succès pour la recherche des ferro-magnétiques, deviennent impuissants, parce que trop peu sensibles, pour la prospection des corps paramagnétiques et surtout des corps diamagnétiques.

Mais, s'il est impossible aux instruments des géo-physiciens de manifester les faibles anomalies magnétiques locales du champ terrestre, le système nerveux des sourciers, extrêmement sensible, pourra les mettre en évidence. A sa sensibilité exquise, le prospecteur aura soin de joindre une longue expérience et une attention soutenue, afin de pouvoir discerner sûrement les manifestations dues aux amas de minerais, aux filons, aux failles, d'avec celles qui sont dues aux courants d'eau souterraine.

Il importe de retenir que la plupart des corps, si pas tous, semblent posséder des propriétés magnétiques qui exercent une influence sur le système nerveux humain, et, de là, sur les mouvements de la baguette et sur ceux du pendule.

A l'hypothèse de l'action provoquée par un champ magnétique ou par ses variations, on peut faire l'objection suivante. Il semble que le pendule devrait toujours girer différemment sur les diverses substances : p.ex. positivement sur les substances paramagnétiques, et négativement sur les substances diamagnétiques. Il en est souvent ainsi, et il en serait invariablement ainsi si le pendule n'était pas tenu par une main humaine, et s'il n'était pas soumis à un système nerveux parfois entraîné à provoquer tel ou tel mouvement dès qu'il se sent influencé. La même réponse peut être invoquée quant au mouvement du pendule qui oscille entre les 2 branches d'un aimant en fer à cheval, au lieu de battre dans le sens des lignes de force N-S selon l'orientation qu'y prend la limaille de fer.

D. Hypothèse des radiations électromagnétiques.

Selon l'hypothèse annoncée plus haut, le système nerveux spinal du radiesthésiste enregistrerait — comme l'appellation l'insinue — des radiations électro-magnétiques qui, en l'excitant, lui feraient produire les mouvements du pendule. Il semble que toute matière radie (théorie du rayonnement général), ou, au moins exerce, même à distance, une action caractéristique sur l'être humain, et que l'univers soit traversé par des radiations dont certaines sont déjà connues, et dont d'autres n'ont pas encore révélé leur identité. On n'oserait considérer, comme étant chose impossible, qu'on puisse se trouver en présence de manifestations électro-magnétiques radiantes, inaccessibles à aucun de nos cinq sens, mais pouvant toutefois devenir manifestes par les mouvements de la baguette et du pendule. Car, il semble bien plutôt qu'un sourcier muni d'une baguette ou d'un pendule, pourrait, lorsque ces radiations électro-magnétiques rencontrent son système nerveux, les percevoir par les mouvements musculaires inconscients qu'elles produisent et que les instruments radiesthésiques viennent amplifier.

Alors même, tout n'est pas fini; il reste une opération délicate : l'interprétation de cas phénomènes. Le sourcier aura besoin, pour cela, de toute sa prudence, de son intelligence, et de l'acuité de son esprit d'observation. Afin de s'aider à se prémunir efficacement contre l'erreur au sujet de l'identification des corps radiants, il aura recours à des témoins qui, à ce qu'il semble, seraient des corps entrant en résonance ou mettant l'organisme humain en résonance avec des radiations émises par les substances à indentifier. Il fera plus : il aura soin de régler la longueur de son pendule-témoin sur un courant d'eau connu, de façon à s'assurer qu'en franchissant un courant inconnu d'eau souterraine, l'oscillation du pendule se transformera en giration. Il paraît possible que le pendule-témoin ayant, par le fait du réglage, une longueur proportionnelle à la longueur d'onde de l'eau, accorde l'organisme du sourcier sur la longueur d'onde de la radiation de l'eau, et que, par cet artifice, le sourcier ne détecte que le corps avec lequel la masse et la longueur du pendule ont été mises en accord vibratoire ou en accord de résonance. Le sourcier ne cherchant que l'eau, utilisera donc un pendule-témoin à eau, réglé sur l'eau, ne girant que sous l'influence de l'eau. Et si le radiesthésiste se sert de la baguette, celle-ci pouvant manifester plusieurs espèces de corps, il fera bien d'appliquer contre la branche gauche de la baguette, un récipient en bois contenant de l'eau ou tout autre échantillon du corps à rechercher, de telle sorte que l'instrument ne fonctionne plus qu'en présence du corps semblable au témoin.

Etant donnée l'efficacité de ce procédé, il n'est peut-être pas invraisemblable que cette sorte de sympathie, ou mieux de résonance, entre le témoin et le corps à découvrir, réside dans une question de longueur d'onde, et cette onde pourrait être l'onde associée à l'émission des projectiles matériels constituant la radiation, et imposant à ces grains de matière leur mouvement déterminé. Actuellement, en effet, la radiation est considérée comme une émission de grains d'énergie liée à une onde qui les guide; cette théorie, appliquée à la lumière, interprète bien la plupart des phénomènes optiques.

On pense aussi que la réaction du pendule-témoin est en relation avec le poids atomique et avec la constitution atomique et moléculaire de la matière.

Ce qui, à première vue, permettrait d'admettre que l'action, non seulement sur place mais même à grande distance, observeé par les radiesthésistes, pourrait consister en radiations électro-magnétiques causant les mouvements du pendule, c'est qu'il a été établi que le pendule réglé possède une longueur proportionnelle à la longueur d'onde de l'une ou l'autre radiation connue à capter, et qu'il y a un rapport entre les longueurs du pendule et les longueurs d'ondes lumineuses des couleurs du spectre, depuis le violet jusqu'au rouge. On a ainsi pu croire à une émission au moins analogue à celle de photons.

Toutefois, on peut faire l'objection suivante : un corps n'émet, au spectroscope, par exemple le sodium en vapeurs ne donne la raie jaune de Frauenhofer qui lui est caractéristique dans le spectre discontinu, que lorsqu'il émet un quantum d'énergie qu'on appelle photon, ou qu'il déplace un électron en dehors de son orbite ordinaire. Et pour qu'il émette de l'énergie, à moins qu'il ne s'agisse d'un corps radioactif, il faut qu'il en ait reçu, par exemple, après avoir été porté à haute température. Or, ce cas ne se réalise pas dans les recherches sourcières habituelles. On aurait donc tort d'attribuer l'action exercée sur le pendule à des photons qui ne sont pas émis, puisque les corps recherchés sont froids et ne sont pas tous radioactifs, ou du moins d'une radioactivité semblable aux radioactivités connues.

Il ne paraît pas plus juste d'attribuer cette action à la projection de particules matérielles constitutives de l'atome, c'est à dire de neutrons et de protons positifs qui en forment le noyau central, de particules alpha (noyaux d'hélium) et de particules bêta (électrons) ; car cette hypothèse suppose une désintégration spontanée de tous les corps recherchés par les radiesthésistes, désintégration qui se ferait froid — on sait qu'à chaud le filament d'une lampe bombarde des électrons au moment de l'allumage : effet Edison — ce qui, encore une fois, ne se réalise que chez les corps radioactifs. Or, tous les corps recherchés en prospection ne sont pas considérés comme étant radioactifs, dans le sens actuel du mot.

Si, en dépit de ces objections, nous assistions quand même à l'amplification, par les instruments radiesthésiques, des sensations motrices produites dans les mains par le système nerveux spinal, sous l'influence d'ondes électro-magnétiques et de rayonnement corpusculaire, il semble qu'il faille renoncer à l'espoir de pouvoir en faire la preuve, et de découvrir, un jour, un instrument de physique capable, malgré son inertie inévitable, de remplacer, en subtilité et en délicatesse, le système nerveux humain.

Cependant, comme nous l'avons signalé plus haut, les expériences de Maby et Franklin, réaliseés, il est vrai, avec des instruments de la plus haute précision, en contrôlant les découvertes faites par les sourciers sur le terrain, permettent de penser que les choses enfouies sont le siège de phénomènes corpusculaires et ondulatoires très caractéristiques, et qu'on peut admettre l'intervention d'ondes, dont les expérimentateurs ont cru avoir mesuré la longueur, et d'un champ magnétique perpendiculaire à celui des radiations. Ils ont vérifié de même les lignes successives marquant la nature du corps, sa localisation, sa profondeur et sa quantité; ils ont pu constater aussi qu'en tournant autour de l'objet, on découvre un pinceau radiant d'une certaine largeur (rayon fondamentale de l'abbé Mermet) et d'une direction, toujours la même pour le même objet, et qui est la direction de son champ.

Conclusion.

En conclusion, une chose, au moins, est certaine : c'est que dans la radiesthésie physique ou sensorielle qui seule nous occupe ici, il est incontestable qu'un élément physique externe, — que nous cherchons à identifier mais dont, malheureusement, la nature nous échappe encore —, intervient pour produire des réflexes nerveux; et, ce qui montre mieux encore son objectivité, c'est qu'il agit même lorsqu'on opère les yeux fermés. Ce sont ces réflexes, résultant d'une réaction physiologique de la moëlle épinière, qui produisent les mouvements musculaires de la main qui tient les instruments amplificateurs.

Nous nous sommes appliqué à essayer d'identifier cet agent réel, cette influence objective, en exposant les quatre hypothèses principales qui ont été émises à son sujet. Au fond ces hypothèses, tendant à atteindre et à dévoiler l'essence de l'élément réel qui détermine les mouvements musculaires des mains du sourcier, diffèrent peu l'une de l'autre. La différence est moindre encore entre les deux dernières : puisqu'on admet qu'en tout point d'une radiation, il y a un champ électrique et un champ magnétique, qui sont perpendiculaires entre eux et sont périodiquement variables.

On le voit : toutes les hypothèses portent l'empreinte de l'énigme de la matière et de l'énergie radiante, et aucune n'est complètement satisfaisante, précisément parce que les physiciens sont, eux-mêmes, fort embarrassés pour interpréter les phénomènes des radiations, et pour inventer une théorie capable d'expliquer tous les faits.

Il y avait 2 théories à concilier. La théorie ondulatoire repose sur la notion de propagation d'ondes et sur l'hypothèse des variations continues de champs électro-magnétiques. Depuis la découverte des phénomènes de quanta (effet Compton et formule de Planck), on devait admettre aussi la théorie de la structure discontinue ou de la constitution granulaire de l'énergie rayonnante. Pour pouvoir interpréter complétement tous les phénomènes de rayonnement lumineux, Léon Brillouin fit la synthèse de la théorie des quanta impliquant une conception de discontinuité, avec celle de la théorie électro-magnétique comportant une conception de continuité. Ce rayonnement est formé de photons ou grains de lumière dont chacun est associé à une onde magnétique qui le guide dans une direction continue.

Louis de Broglie s'est appliqué à faire, pour la matière, la même synthèse du continu (rayonnement des ondes matérielles) et du discontinu (grains de matière : électrons et protons).

Désormais, les cloisons séparant la physique de la matière atomique avec ses neutrons, ses protons et ses électrons, et la physique de la radiation avec ses ondes électro-magnétiques, n'existent plus.

Les physiciens considérant donc actuellement la matière rayonnante comme un ensemble discontinu de grains de rayonnement qui sont accompagnés d'une onde matérielle continue, imposant à ces grains leur mouvement déterminé, comme l'onde électro-magnétique dirige les photons, les sourciers ne paraissent pas être vraiment hors-ligne lorsqu'ils se hasardent à proposer l'une ou l'autre des hypothèses que nous avons signalées, et notamment les deux dernières.

La dernière exposée, celle des radiations avec ondes électro-magnétiques, serait admise d'emblée, si vraiment les substances qui font l'objet des prospections ordinaires des sourciers, constituaient de la matière réellement rayonnante, ou bien si on pouvait, avec raison suffisante, témoigner qu'elles émettent, de fait, des radiations mais qui sont encore inconnues.

La condition ne paraissant pas réalisée pour le moment, nos préférences continueront à se porter sur la troisième hypothèse.

Le mystère réel qui enveloppe cette question, et dont il ne faut pas se dissimuler la profondeur, persistera-t-il encore longtemps ?

L'Avenir nous le dira.

Table des matières.

Avant-propos   **3**
Les faits réclament une interprétation satisfaisante, et il convient de la chercher. De même qu'en sciences, les hypothèses seront multiples Avantages d'explication scientifique. Ces pages constituent un supplément à la 3e édition et une révision des pages 139 à 147.

Essai d'explication scientifique des phénomènes de radiesthésie sensorielle   **7**

I. Qu'y a-t-il de physique ou objectif dans ce domaine, et qu'y a-t-il de psychique ou subjectif ?
a) *Pour les uns*, l'élément subjectif ou psychique est prépondérant, si pas exclusif : processus par orientation mentale ou convention mentale ou par intuition.
Preuves : multiplicité des méthodes, un exemple typique.
b) *Pour les autres*, il y a, à côté d'un élément subjectif inévitable, une influence réelle est physique, conciliable, avec la multiplicité des méthodes et l'intensité ou la diversité des réactions : processus physique et physiologique.
Interviennent 3 phénomènes : objectif, physiologique, intellectuel. L'erreur peut venir du phénomène intellectuel, mais vient surtout de l'imagination ou de la poussée du subconscient. Cette dernière paraît intervenir dans la recherche de la profondeur en frappant du pied.
Preuves de l'objectivité : les expériences de contrôle de Morby et Franklin, la méthode des yeux fermés (Vicomte Henry de France), l'expérience sourcière.
Le sourcier peut faire le contrôle de l'objectivité par les yeux fermés, les chiffres de série, mais surtout par le pendule-témoin bien réglé.

II. Hypothèses émises au sujet de l'identification de l'élément physique moteur, qui détermine les mouvements musculaires des mains du sourcier   **13**
La difficulté de déterminer la nature de l'élément physique moteur est doublée de l'ignorance des réactions du système nerveux.
Les agents physiques éventuels portant les caractéristiques des phénomènes électriques, les hypothèses — qui se compénètrent — pourront se ramener à quatre.

A. Hypothèse de l'électricité statique   **15**
Trois indices en faveur de cette hypothèse : eaux stagnantes non décelables, influence d'une pointe, action du verre frotté.

Quatre explications du mécanisme des sensations motrices dans cette hypothèse.
Deux objections opposées à cette hypothèse.

B. Hypothèse de colonnes d'air ionisé   17
Causes possibles d'ionisation
Effets (direct et indirect) sur le sourcier.

C. Hypothèse des variations de champs magnétiques et électriques terrestres   18
Considérations donnant de la probabilité à cette hypothèse.
Possibilité d'enregistrement par le système nerveux qui déclanchera les mouvements de la main amplifiés par les instruments.
Nécessité, dans la recherche de l'eau, de se protéger, par un pendule-témoin, contre les erreurs d'interprétation.
Une preuve d'ordre physique : constatation, faite à Ciney, des effets magnétisants produits sur le fer doux par le flux de force accompagnant un courant d'eau. Description de l'appareil employé.
Le courant d'eau fait dévier brusquement l'aiguille d'une boussole.
Degrés d'aimantation des substances ferro-magnétiques, des substances para-magnétiques et des substances diamagnétiques. Sensibilité extrême du système nerveux.
Objection faite à cette hypothèse.

D. Hypothèse des radiations électro-magnétiques   24
Possibilité pour le système nerveux d'enregistrer des radiations électro-magnétiques.
Usage de témoins dont les radiations s'accordent avec celles des corps à rechercher (loi de résonance).
Réglage de la longueur proportionnellement à la longueur d'onde.
Cette résonance pourrait être attribuée à la longueur de l'onde associée à l'émission de projectiles matériels.
Objection : il n'y a émission que chez les corps radioactifs ou chez ceux qui ont été portés à haute température.
Indices favorables de Maby et Franklin.

Conclusion   28
Une chose est certaine : il y a un élément physique externe.
Quelle est sa nature ? 4 hypothèses peu différentes et portant l'empreinte des énigmes de la matière et de l'énergie radiante. Enigmes embarrassantes pour les physiciens. Synthèses de Brillouin et du Prince Louis de Broglie.
L'objection sérieuse faite à la 4e hypothèse rend la 3e plus probable.

Ebook Esotérique réédite,
sous forme de livres électroniques
ou Ebooks, des livres ésotériques et
d'occultisme qui sont devenus rares ou
épuisés.

Visitez Ebook Esotérique

www.ebookesoterique.com

Inscrivez-vous pour recevoir
notre Bulletin-Info.
Vous serez informé des
nouvelles parutions et promotions.

Vous avez une question sur l'Hermétisme, l'Esotérisme ou la pratique des Sciences Occultes ?

L'Encyclopédie Ésotérique vous apportera des réponses et des mises au point précieuses.
Cliquez www.ceodeo.com

L'Encyclopédie Ésotérique ainsi que les articles, dossiers, cours et essais que vous trouverez sur notre site s'adressent tant aux profanes qu'aux spécialistes.

Collège Ésotérique et Occultiste
d'Europe et d'Orient
(CEODEO) www.ceodeo.com

www.ingramcontent.com/pod-product-compliance
Lightning Source LLC
Chambersburg PA
CBHW071804040426
42446CB00012B/2701